AF595297

ENSEIGNEMENT SIMULTANÉ
DE
LA LECTURE, DE L'ÉCRITURE & DE L'ORTHOGRAPHE

MÉTHODE
DES
ÉCOLES ENFANTINES

PAR
FLORIMOND CHOLLET
Inspecteur des Écoles primaires
Auteur de plusieurs Ouvrages classiques
Officier d'Académie

PREMIER LIVRE

DEUXIÈME ÉDITION

Préparons l'Homme dans l'Enfant.

La Méthode des Écoles enfantines a obtenu la Médaille d'Or à l'Exposition scolaire de Châteauroux (mai 1882)

SAINT-ÉTIENNE
LIBRAIRIE CHARTIER ET LE HÉNAFF
2, Rue de la Bourse, 2
Près la place Marengo.

MÉTHODE DES ÉCOLES ENFANTINES

GUIDE PRATIQUE

Il importe de savoir occuper les jeunes enfants en les instruisant et en leur faisant aimer l'étude.

Le caractère du maître est évidemment pour beaucoup dans cette question. D'abord s'il veut être aimé des enfants, il faut qu'il les aime lui-même, qu'il soit leur protecteur impartial à tous, leur guide complaisant, zélé et dévoué.

Il faut aussi qu'il sache les faire travailler sans les fatiguer, en les amusant, pour ainsi dire.

Voici comment il doit occuper ses jeunes élèves :

Dès le premier jour, il leur donne cinq lettres à étudier, à apprendre; il les leur fait répéter en leur en montrant bien la forme.

Après les avoir fait lire *a, b, c, d, e,* pendant un quart d'heure, il leur fait voir comment se fait un *a*; il leur fait faire un *a* sur leur ardoise plusieurs fois; puis un *b*, un *c*, un *d*, un *e*.

Lorsqu'ils connaissent ces cinq lettres, ils passent aux cinq suivantes et ainsi de suite.

Après avoir appris une seconde fois les mêmes lettres divisées en voyelles et en consonnes, ils arrivent aux syllabes :

Avec des lettres doubles, telles que [a / *a*] nos petits élèves forment eux-mêmes des syllabes sur un tableau noir garni de réglettes. Ces syllabes se trouvent écrites deux fois : une fois en lettres typographiques et au-dessous en lettres anglaises. Ils les épèlent, les lisent et les copient.

Des syllabes ils passent aux mots et des mots aux phrases.

Le maître fait lire également sur les tableaux et dans le petit livre ; il varie les exercices le plus possible.

Ainsi les élèves sont exercés en même temps à la lecture, à l'écriture et à l'orthographe ; ils sont toujours occupés, ne s'ennuient pas et apprennent trois fois plus vite à lire que par la méthode ordinaire.

Lorsque le maître n'a pas les lettres mobiles, il y supplée au tableau noir en écrivant les syllabes avec de la craie, d'abord en lettres typographiques et au-dessus en lettres anglaises.

L'auteur recommande la méthode d'ancienne épellation, plus commode pour l'enseignement de l'orthographe, plus sûre pour la lecture et plus rationnelle que la nouvelle.

Il a fait faire dans trois cantons différents l'essai des deux méthodes par des instituteurs également intelligents ; l'avantage est toujours resté à la méthode d'ancienne épellation.

Les élèves qui ont appris à lire d'après cette dernière écrivent beaucoup plus facilement et savent toujours lire, chose très importante ; car, à la campagne, par exemple, où on lit peu, les enfants qui apprennent à lire d'après la méthode de nouvelle épellation ou sans épellation, et qui ne sont pas très avancés en lecture lorsqu'ils quittent l'école, ne savent plus lire au bout de quelques années.

Pour cette raison, qui est on peut le dire capitale, beaucoup d'instituteurs reviennent à la méthode d'ancienne épellation en la modifiant un peu, comme l'auteur l'a fait ici.

F. C.

MÉTHODE

DES

ÉCOLES ENFANTINES

OBSERVATION. — *Faire prononcer :* a, bé, cé, dé, é, effe, gé, ache, i, ji, ka, elle, ème, ène, o, pé, qu, ère, esse, té, u, vé, icse, i grec, zède.

a	b	c	d	e	f	g	h	i
a	*b*	*c*	*d*	*e*	*f*	*g*	*h*	*i*

j	k	l	m	n	o	p	q
j	*k*	*l*	*m*	*n*	*o*	*p*	*q*

r	s	t	u	v	x	y	z
r	*s*	*t*	*u*	*v*	*x*	*y*	*z*

Ces lettres se divisent en *Voyelles* et en *Consonnes.*

VOYELLES

a	e	i	o	u	y
a	*e*	*i*	*o*	*u*	*y*

CONSONNES

b	c	d	f	g	h	j	k	l	m
b	*c*	*d*	*f*	*g*	*h*	*j*	*k*	*l*	*m*

n	p	q	r	s	t	v	x	z
n	*p*	*q*	*r*	*s*	*t*	*v*	*x*	*z*

EN JOIGNANT UNE CONSONNE A UNE VOYELLE, ON FORME UNE SYLLABE

(Le *c* et le *g* sont durs devant les lettres *a, o, u.*)

ba(1), ca, da, fa, ga, ja, ka, la, ma, na, pa, ra, sa, ta, va, xa, za. —

be(2), ce, de, fe, ge, je, ke, le, me, ne, pe re, se, te, ve, xe, ze. —

(1) On fera épeler ainsi : b a ba. c a ca, d a da, etc.
(2) Lorsque l'e n'est surmonté d'aucun accent, on le prononce généralement eu.

bi, ci, di, fi, gi, ji, ki, li, mi, ni, pi, ri, si, ti, vi, xi, zi. —
bo, co, do, fo, go, jo, ko, lo, mo, no, po, ro, so, to, vo, xo, zo. —
bu, cu, du, fu, gu, ju, ku, lu, mu, nu, pu, ru, su, tu, vu, xu, zu. — my, py, sy, ty.

AVEC DES SYLLABES ON FORME DES MOTS

Mots de deux syllabes.

ba ve(1), bo bo, ca ge, ca ve, da me, do do, fa ce, fa de, ga ge, ga re, jo li, ju pe, ki lo, la me, ma re, na ge, pa pa, pi pe, ra me, sa ge, sa le, so le, tu be, ty pe, vi ve.

Sole

Syllabes réunies.

bave(2), bobo, cage, cave, dame, dodo, face, gage, gare, fade, joli, jupe, kilo, lame, mare, nage, papa, pipe, rame, sage, sale, sole, type, vive.

(1) On fera épeler puis syllaber.
(2) Ici on fera lire couramment, c'est-à-dire sans épeler.

Avec des mots on forme des phrases.

Papa a une pipe. Rémy a une cage. Luce a fini sa page. Le papa de Léon a une mule. Lina a sali sa robe.

Il y a trois sortes d'accents : l'accent aigu (´), l'accent grave (`) et l'accent circonflexe (^). L'apostrophe (') remplace l'une des voyelles a, e, i.

A B C D E F G H I J K L

A B C D E F G H I J K L

M N O P Q R S T U V X Y Z

M N O P Q R S T U V X Y Z

à ê î ô û è é ée

â ge(1), âme, a mi, â ne, bè te, ca fé, cô té, do ré, é pi, fu mée, ge lée, la vé, li mé, lo gé, mû re, mè re, pà té, pi lé, pô le, ra me, ri dé, sa lé, ti ré, vo lé, zè le, zé lé, zé ro.

(1) Dans l'épellation, on fera distinguer les différentes sortes d'accents.

Observation. — Faire épeler lorsque les syllabes sont séparées et lire sans épeler, quand elles sont réunies. Procéder ainsi jusqu'à la lecture courante.

Syllabes réunies.

âge, âme, ami, âne, bête, café, côté, doré, épi, fumée, gelée, lavé, limé, logé, mûre, mère, pâté, pilé, pâle, rame, ridé, salé, tiré, volé, zèle, zélé, zéro.

Phrases.

Papa a bu du café. René a vu une bête. Lévy a un âne. Rémy a un képi doré. Ma mère a salé le pâté. Léon a lavé le pavé. J'ai avalé de la fumée.

Mots de trois syllabes.

a bî me, a ra be, au mô ne, a vi de, ba di ne, bo bi ne, ca ba ne, ca na pé, ca ra fe, ca li ce, ca po te, ca ra co, cé ci té, ci ra ge, co lo ré, co mi té, dé ci dé, dé fi lé, dé ga gé, dé pu té, dé ro bé, de vi né, dé vo ré, di vi ne, do mi no, do ru re, du re té, é co le, é cu me, é pi ne, fa mi ne, fa na ge, fa ri ne, fa vo ri, fi gu re, ga lè re, gi ra fe, ju ju be.

Syllabes réunies.

abîme, arabe, aumône, avide, badine, bobine, cabane, canapé, carafe, calice, capote, caraco, cécité, cirage, coloré, comité, décidé, défilé, dégagé, député, dérobé, deviné, dévoré, divine, domino, dorure, dureté, école, écume, épine, famine, fanage, farine, favori, figure, galère, girafe, jujube.

Phrases.

Jérôme a fait l'aumône à un arabe. Léon a fait tomber la bobine. J'ai vu une carafe dans la cabane. Le papa de Siméon a vu un ours dans le défilé des Pyrénées. Émile a vu une girafe. Lucie a de la pâte de jujube, etc.

Ours

Mots de trois syllabes (suite).

La va bo, lé gu me, li mi té, ma da me,

ma la de, ma la ga, ma li ce, mé na ge, mé ri te, mi nu te, mo dè le, mo dé ré, mo ra le, na ri ne, na tu re, na vi re, nu mé ro, o ra ge, pa ra de, pa ro le, pa ru re, pa va ge, pu re té, pe lo te, pi lu le, po ta ge, ra ci ne, sa la de, sa li ne, sa me di, ti mi de, u ni té, vé ri té, vo lu me.

Syllabes réunies.

Lavabo, légume, limité, madame, malade, malaga, malice, ménage, mérite, minute, modèle, modéré, morale, narine, nature, navire, numéro, orage, parade, parole, parure, pavage, pureté, pilote, pilule, potage, racine, salade, saline, samedi, timide, unité, vérité, volume.

Navire

Phrases.

Madame Adèle a un lavabo. J'ai bu du Malaga. J'ai avalé une pilule. Ma mère m'a fait un potage. Jules aime la salade. Pélagie est timide. Léonie a un joli volume doré.

Mots de quatre syllabes.

A gi li té, a vi di té, ba di na ge, ca la mi té, ca ma ra de, di vi ni té, do mi ci le, fa ci li té, fi la tu re, ga lo pa de, ja ve li ne, lo ca li té, li mo na de, mé de ci ne, mo ra li té, pâ tu ra ge, py ra mi de, ri di cu le, ri va li té, sa ga ci té, sé ré na de, sé vé ri té, so li tu de, ti mi di té, vo ra ci té, zi be li ne.

Syllabes réunies.

Agilité, avidité, badinage, calamité, camarade, divinité, domicile, facilité, filature, galopade, javeline, localité, limonade, médecine, moralité, pâturage, pyramide, ridicule, rivalité, sagacité, sérénade, sévérité, solitude, timidité, voracité, zibeline.

Phrases.

Le camarade de Léon a visité une filature.

Chasseur

J'ai ramené Paul à son domicile. Louis a bu de la limonade. Paulin est malade; il a bu une médecine. Le papa de Léonide est un bon chasseur; il a tué une zibeline.

Syllabes où la voyelle précède la consonne.

ab, ac, al, op, ax, ec, ef, el, ep, er, ex, ic, if, il, im, ir, is, ix, ob, oc, ol, op, or, os, ub, uf, ul, ur, us.

Syllabes séparées formant des mots.

ab so lu, ac ti vi té, al lé gé, ap pa ru, ar ca de, ef fé mi né, el lé bo re, er mi te, exa mi né, if, im mo bi le, ir ré so lu, oc ta ve, or bi te, os si fié, ul cè re, ur ne.

Syllabes réunies.

absolu, activité, allégé, apparu, arcade, efféminé, ellébore, ermite, examiné, if, immobile, irrésolu, octave, orbite, ossifié, ulcère, urne.

Phrases.

Maurice est absolu et entêté. J'ai vu un ermite. Pauline a examiné un if. Honoré est efféminé. Valérie est souvent immobile; elle manque d'activité, etc.

Syllabes de trois lettres.

beu, ceu, deu, feu, geu, jeu, leu, meu, neu, peu, reu, seu, teu, veu, xeu, zeu. — bou, cou, dou, fou, gou, jou, lou, mou, nou, pou, rou, sou, tou, vou, xou, zou.

Syllabes séparées formant des mots.

Jeu di, meu le, meu te, veu va ge, veu ve, ne veu, bou le, cou de, cou pe, fou le, lou ve, mou le, pou le, sou pe, bi jou, fi lou, jou jou, rou geur, rou lier, rou te, sou pa pe, voû te.

Syllabes réunies.

Jeudi, meule, meute, veuvage, veuve, neveu, boule, coude, coupe, foule, louve, moule, poule, soupe, bijou, joujou, rougeur, roulier, route, soupape, voûte.

Phrases.

Octave a un ulcère à la jambe. Papa a examiné une urne et l'a cassée. Paul a une boule; jeudi, il l'a lancé après une poule. Léontine a des joujoux et des bijoux, etc.

Poule

Syllabes de trois lettres terminées par une consonne.

Bac, fac, lac, pac, sac, tac. — Bec, jec, lec, sec. — Dic, fic, mic, pic, tic, vic. — Boc, doc, foc, joc, loc, noc, roc, soc, toc, voc. — Buc, duc, luc, nuc, suc, tuc. — Baf, caf, daf, gaf, laf, paf, raf, taf. — Bef, def, dif, gof, lof, pof, sof. — Buf, muf, suf, tuf. — Bal, cal, dal, fal, gal, mal, pal, sal, tal, val. — Bul, dul, ful, gul, jul, mul, nul, pul, rul, sul, tul, vul. — Bas, cas, das, fas, gas, jas, mas, nas, pas, ras, tas, vas. — Bis, cis, dis, fis, gis, mis, nis, pis, ris, sis, tis, vis. — Bos, cos, dos, fos, gos, jos, mos, nos, pos, ros, sos, tos, vos. — Bus, cus, dus, fus, gus, jus, rus, sus, tus, nus, pus.

Syllabes séparées formant des mots.

Bac ca ra, fac tu re, pac te, pac to le, tac ti le, lec tu re, tic tac, vic ti me, doc to ral, dic ta tu re, ca nif, ma la dif, tar dif, mo tif, — — bo cal, ca po ral, gé né ral, li bé ral, mé tal, — bar be, car te, far ce, gar de, lar me, mar mi te, par ta ge, sar di ne, — ber gè re, cer ti tu de, fer me, ger me, mer le, per ca le, ser vi ce, ter me, ver du re, vir gu le, — bas cu le, bis cuit, cos tu me, fos si le,

Gus ta ve, rus se, — dif fi cul té, mul ti co lo re.

Syllabes réunies.

Baccara, facture, pacte, pactole, tactile, lecture, tictac, victime, doctoral, dictature, — canif, maladif, motif, tardif, — bocal, caporal, général, libéral, métal, — barbe, carte, farce, garde, larme, marmite, partage, sardine — bergère, certitude, ferme, germe, merle, percale, service, terme, verdure, virgule, — bascule, biscuit, costume, fossile, Gustave, russe, — difficulté, multicolore.

Phrases.

Moulin

Ludovic a joué au baccara. J'entends le tic-tac du moulin. Julien m'a demandé mon canif pour refaire la pointe de son crayon. Le caporal Rémy est maladif; il a demandé un congé à son général. Sidonie a cassé une marmite.

Syllabes formées de deux consonnes suivies d'une voyelle.

Bra, cra, dra, fra, gra, pra, tra, vra, — bre, bré, brè, brê — cre, cré crè, crè, — fre, fré, frè, frè. — gre, gré, grè, grè, — pre, pré, prè, prè, — tre, tré, trè, trè, — bri, cri, fri, gri, pri, tri, — bro, cro, dro, fro, gro, pro, tro, vro, — bru, cru, dru, pru, — bla, cla, fla, gla, pla, — ble, blé, blè, blè, — cle, clé, clè, clè, — flé, glé, plé, blé, glé, — fli, gli, pli, — blo, clo, glo, plo, flu, glu.

Syllabes séparées formant des mots.

Bra va de, cra va te, dra me, fra gi li té, gra vu re, pra li ne, tra me, bre bis, brè me, cré a tu re, crè me, fré ga te, gre na de, grê le, pré ci pi ce, prê tre, bri ga de, cri me, gri ma ce, fro ma ge, pro me na de, trô ne, pru ne, gla ce, pla ti tu de, blê me, cer cle, su bli me, clo por te, glo bu le.

Syllabes réunies.

Bravade, cravate, drame, fragilité, gravure, praline, trame, brebis, brème, créature, crème, frégate, grenade, grèle, précipice, prètre, brigade, crime, grimace, fromage, promenade, trône, prune, glace, platitude, blème, cercle, sublime, cloporte, globule.

Phrases.

Mon papa m'a donné une cravate. Eulalie mange une praline en regardant une gravure.

Brebis

La brebis de la mère Martin est malade. Eloi fait des grimaces en mangeant de la crème. Paul n'aime pas le fromage, etc.

Syllabes commençant par sc, scr, sp, spl, st, sm.

Scan da le, scri be, scru pu le, spec ta cle, spec tre, splen di de, sta ble, sty le, stu dieux, stu pi de, us ten si le, spa sme, sma lah.

Syllabes réunies.

Scandale, scribe, scrupule, spectacle, spectre, splendide, stable, style, studieux, stupide, ustensile, spasme, smalah.

Phrases.

Il faut éviter le scandale. Ce scribe est très habile. Vous avez des scrupules. Victor a été au spectacle. Ce tableau est splendide. Le petit Pierre est bien studieux. Albertine a acheté des ustensiles de ménage.

Voyelles composées : ai, oi, ia, ié, iè, io.

Ai ma ble, poi re, dia dè me, no ta rié, lu miè re, fio le, lai ta ge, toi le, fi lia le, pié té, biè re, vio lon, mi li taire, ar moi re.

Phrases.

Le petit Fulbert est aimable. Marc aime les poires, le laitage et la bière. La piété filiale est bien appréciée. J'ai vu un militaire qui jouait du violon. Maxime a trouvé dans l'armoire un acte notarié.

Voyelles nasales : an, en, in, on.

An ge, en cre, in gra ti tu de, on cle, an se, en fan ce, in fir me, on gle, An toi ne, en flu re, in cré du le, on ziè me, dan se, lan ce, cen dre, pen du le, min ce, pin ce, bon bon.

Phrases.

Germaine n'aime pas l'ingratitude. Dans son enfance, Antoine était infirme du bras droit. La pendule est arrêtée. Mon oncle a noirci l'ance du panier avec de l'encre.

Pendule

Voyelles nasales : am, em, im, om ; m *se prononce* n.

Am pou le, em bus ca de, im bé ci le, om bra ge, jam be, mem bre, tim ba le, co lom be, lam pe, tem ple, tim bre, pom pe.

Syllabes réunies.

Ampoule, embuscade, imbécile, ombrage, jambe, membre, timbale, colombe, lampe, temple, timbre, pompe.

Phrases.

Julien a une ampoule à la main. Le célèbre Roland a été tué dans une ambuscade. Georges a une belle timbale en argent. Marie a une colombe grise. La pompe de l'école a été réparée.

Voyelles nasales : ain, aim, ein (*prononcer* in).

Bain, faim, plein, plain te, pein tre, de main, le vain, mon dain, con train te, é trein te.

Phrases.

Ernestine a pris un bain ce matin ; elle avait faim quand elle est revenue. Le peintre viendra demain pour repeindre le tableau de la classe. Le pain se fait avec de la farine. J'ai vu le porteur de contraintes.

EXERCICES

ch, che, gn, gne, qu, ail, aille, eille, ille (1).

Chan tre, di man che, pè che, co que lu che, vi gno ble, di gni té, cham pi gnon, é gra ti gnu re, vi gne, bor gne, bail, cail le, mé dail le, a beil le, o reil le, bé quil le, che nil le, co quil le, fa mil le.

Syllabes réunies.

Chantre, dimanche, pèche, coqueluche, vignoble, dignité, champignon, égratignure, vigne, borgne, bail, caille, médaille, abeille, oreille, béquille, cheville, coquille, famille.

(1) *ill* à la fin des mots est mouillé.

RÉCAPITULATION

A lex an dre s' est mu ni d' un pis to let. A mé lie a dit des pa ro les mor ti fi an tes.

Chat

Le chat prend la sou ris et il mi au le. De main, jeu di, j'i rai me pro me ner. Le di a mant est le mi né ral le plus bril lant et le plus dur. Les en fants o bé is sants et stu dieux font la joie de leurs pa rents. La foui ne a sai gné nos vo lail les. Le li on est le roi des a ni maux. On fait le pain a vec de la fa ri ne. Le ti gre est fa rou che et très cru el. En

Grenouille

gar dant mon trou peau, j'en ten dais chan ter les gre nouil les. La vé ri té doit ê tre dans la bou che des en fants. La ver tu a pour ceux qui la pra ti quent, des beau tés, des char mes tou jours nou veaux. Res pec tez les vieil lards. 1, 2, 3, 4, 5, 6, 7, 8, 9, 10.

ç se prononce *s* devant *a, o, u,* lorsqu'il y a une cédille dessous : *leçon, façade, reçu (lé-son, fa-sade, re-su).*

Ce pe tit gar çon est en tê té. Lou i se se per ça la main a vec un poin çon. Vous a vez re çu vo tre sa lai re. Vous se rez pu nis, si vous ne sa vez pas vos le çons. J'ai é té à Tou lon, j'y ai vu les for çats.

ë, ï, ü, revêtus d'un tréma, se prononcent séparément de la voyelle qui précède : *égoïste, Archélaüs (é go ïs te, Ar ché la üs).*

A dé la ï de vien dra à No ël. Pau lin est na ïf. Sa ül é tait roi d'Is ra ël. Is ma ël fut le pè re des Is ma ë li tes.

œ se prononce généralement *é* : *œdème, œnas (é dè me, é nas)* *œ* devant *u* et devant *i* fait *eu, vœu, œil (veu, euil).*

Le con ci le de Ni cée é tait un con ci le

œ cu mé ni que. J'ai a che té des œufs au mar ché. Vo tre bœuf est très beau. J'ai me beau coup les œil lets.

Bœuf

gu se prononce *ghe* (*g* dur), lorsqu'il est suivi d'une voyelle avec laquelle il forme une syllabe : *langue, guide ; gu* suivi d'une voyelle surmontée d'un tréma garde sa prononciation naturelle : *aigu, ciguë.*

Al phon se a é prou vé des dou leurs ai guës. U ne guê pe m'a pi qué. Mon gui de m'a trom pé. Je n'ai me pas les pa ro les am bigu ës.

s entre deux voyelles a le son du *z* : *vase, mesure (vaze, mezure).*

Les ce ri ses sont dé jà rou ges. Les frai ses sont mû res au mois de mai. Lou i se a pré sen té un bou quet de ro ses à sa mè re. Les me su res que vous a vez pri ses ont é chou é. La plai san te rie a mè re est le poi son de l'a mi tié. Le fram boi si er, le gro seil ler et le ro si er sont des ar bris seaux, c'est-à-dire de pe tits ar bres. Mon voi sin est très ma la de ; on lui a fait pren dre du con tre - poi son.

Y — L'*y* placé entre deux voyelles a le son de deux *i ; pays, moyen, joyeux (pai is, moi ien, joi ieux).*

Ce cra yon est à moi. La prai rie ver do yan te. J'ai co to yé les bords de l'Océan. Un no yau de pru ne. Le ros si gnol, fait en ten dre son chant jo yeux. De main nous i rons en vo ya ge.

Rossignol

e devant deux *mm*, dans le corps des mots, se prononce *a : apparemment, décemment (ap pa ra ment, dé ça ment).*

A mé dée par le in so lem ment. Mon a mi est é mi nem ment ver tu eux. Mes en fants ai mez ar dem ment vo tre mè re. Fré dé ric m'a par lé con fi dem ment de cet te af fai re.

ien suivi de *c* ou de *t* se prononce *ian : émollient, faïence (émoliant, faïance.)*

Il est ex pé di ent que je par te. Il y a de grands in con vé ni ents à con fi er ses af fai res à un hom me sans ex pé ri en ce. Le sa ge ai me la sci en ce. L'O ri ent est le point où le so leil se lè ve.

ill au commencement des mots n'est jamais mouillé; les deux *l* se prononcent : *illustre, illuminé (il lus tre, il lu mi né).*

Ce la s'est fait il lé ga le ment. Un temps il li mi té. Une é cri tu re il li si ble. Vous è tes dans l'il lu sion.

t suivi de *ion* se prononce généralement *s : attention (at ten-sion).*

Dieu ju ge tou tes nos ac tions. La bon ne é du ca tion est un tré sor d'un prix in es ti ma ble. Ce bra ve mi li tai re a re çu la dé co ra tion.

x au commencement des mots se prononce *gz* : *Xavier*, *Xenophon* (*Gza vier*, *Gzé no phon*) *ex* au commencement des mots suivis d'une voyelle ou d'une *h* muette se prononce *égz* : *exercice*, *exhorter* (*égz er ci ce*, *égz hor ter*).

Xer cès é tait roi de Per se. Cé li ne est très ex ac te à rem plir ses de voirs ; el le est l'ex em ple de ses com pa gnes. So yez fi dè le à ex é cu ter vos pro mes ses. Ces bos quets fleu ris ex ha lent u ne o deur dé li ci eu se.

ESSAI DE LECTURE COURANTE

Observation. — Faire successivement épeler, syllaber et lire couramment. — Les élèves épèlent tous à la fois et en mesure ; ils syllabent par groupe de 4 ou 5 et lisent couramment par deux ou isolément.

LA RÉCRÉATION

I

No tre corps a be soin de ré cré a tion. A vo tre â ge sur tout, pe tits en fants, les jeux sont né ces sai res à la san té; voi là pour quoi, à cer tai nes heu res du jour, on vous per met de jou er et de cou rir a vec les au tres en fants de la clas se.

Questions et explications.

II

Les en fants bien é le vés et qui ont un bon cœur, sont ai ma bles, doux et po lis en vers tous ; ils ne se mo quent pas des en fants qui ont des in fir mi tés, au con trai re, ils con-so lent ceux qui ont du cha grin. En jou ant, ils ne font de mal à per son ne et ils ne pous sent pas de grands cris.

UNE PETITE FILLE AFFECTUEUSE

I

U ne pe ti te fil le de sept ans, nom mée Ma rie, sor tait un soir de clas se a vec sa ca ma ra de Ju li et te. El le n'é tait pas jo yeu se com me les au tres jours ; el le pa rais sait mê me tris te.

— Qu' as-tu, lui de man da Ju li et te ?

— Je vais te le di re, Ju li et te : c'est au jour d'hui la fê te de ma man et je n'ai rien à lui don ner, pas mê me u ne fleur !

Questions et explications.

II

Ce n'est que ce la ? Je vais te ti rer d'em-bar ras. Tu sais ce champ au bout de la rue, der riè re l'é gli se ? il est cou vert de fleurs. Il y a beau coup de vio let tes. Vas-y, tu en cueil le ras et tu pour ras fai re un beau bou-quet.

Ma rie s'y ren dit et eût bien tôt ra mas sé une gros se poi gnée de fleurs, dont el le fit un su per be bou quet et par tit.

Questions et explications.

III

A son ar ri vée chez el le, el le ne trou va per son ne à la maison ; el le en profi ta pour ca cher ses fleurs dans un coin.

A près le dî ner, el le al la les cher cher, re vint au près de sa ma man et lui dit, en lui of frant le bou quet de vio let tes : « Ma man, je te sou haite une bonne fête. »

Sa mè re la prit dans ses bras, l'em bras sa

ten dre ment et re mer cia Dieu de lui avoir don né une fil le aussi af fec tu eu se.

Questions et explications. — Questions sur l'ensemble du morceau.

LE PETIT LAPIN INDOCILE

I

Un jeu ne la pin, sor ti du ter rier con tre l'or dre de sa mè re, se jou ait au beau so leil du ma tin sur l'her be fraî che et le ser-po let o do rant ; il é tait tout en tier au plai sir, tan dis que sa mè re, in quiè te sur son sort, le cher chait de tous cô tés.

Hé las ! di sait-el le, si le re nard le ren con trait, il se rait per du ; il ne sau rait pas en co re é vi ter et fuir ce mé chant a ni mal.

Questions et explications.

II

Le re nard le ren con tra, en ef fet. Bien, mon pe tit a mi, lui cri a-t-il, dès qu' il l'a per çut, bien, vous ne pou viez mieux fai re que de quit ter le ter rier pour jou ir de cet te bel le ma ti née ; sans vous, je cour rais grand ris que de ne pas dé jeû ner au jour d'hui. Et ce la dit, il sau ta sur le pe tit la pin qu' il dé vo ra en trois coups de dents.

La dé so bé is san ce a con duit plus d' un en fant à sa per te.

Questions et explications. — Questions sur l'ensemble du morceau.

III

Les en fants sou mis et res pec tu eux font la joie de la fa mil le.

Vous, mes pe tits a mis, vous sui vrez les con seils de vos pa rents et de vos maî tres, qui vous ai ment ; vous vous mon tre rez tou jours très re con naissants de tout ce qu'ils font pour vous, par vo tre o bé is san ce et vo tre em pres se ment à sa tis fai re leurs dé sirs. Plus tard, vous re cueil le rez les fruits de vo tre bon ne con dui te.

FIN

4018 — Imp. L. Delaroche et Cie, Lyon

OUVRAGES

RÉDIGÉS CONFORMÉMENT AUX NOUVEAUX PROGRAMMES

PAR

M. FLORIMOND CHOLLET

Inspecteur des Écoles Primaires, Officier d'Académie

Méthode de lecture des Écoles enfantines, formant deux grands tableaux de 1 mètre 80 sur 1 mètre 20, collés sur toile, montés sur gorge et rouleau, et deux petits tableaux de 65 cent. sur 50, collés sur carton, 2e édition. — Prix net **25f**

Boîte de lettres mobiles doubles. (Complément de la méthode) comprenant **100** lettres en caractères d'imprimerie ou d'anglaise et un guide pratique. — Prix net **5f**

Méthode de lecture des Écoles enfantines. Livret de l'Élève, 2e édition, contenant un grand nombre de gravures. — Prix : **50** cent.

Bureau-Méthode. Comprenant une jolie table-bureau de maître, peinte en noir et vernie, une boîte avec lettres mobiles (1.200 caractères), un tableau compositeur et la Méthode de lecture des écoles enfantines en 4 tableaux. — Prix net **110f**

Cette méthode, qui a obtenu la médaille d'or à l'exposition scolaire de Châteauroux exerce constamment les élèves à la lecture, à l'écriture et à l'orthographe ; un grand nombre d'écoles l'ont déjà expérimentée et les résultats obtenus ont dépassé toutes les espérances de l'auteur ; elle est appelée à rendre de grands services à l'enseignement.

Petite arithmétique à l'usage des élèves des écoles rurales et des candidats au certificat d'études primaires. — Prix . . . . **80** cent.

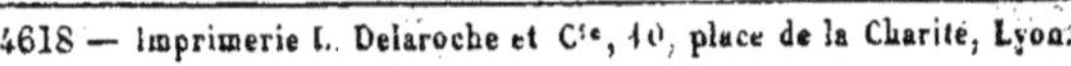

4618 — Imprimerie L. Delaroche et Cie, 10, place de la Charité, Lyon.

www.ingramcontent.com/pod-product-compliance
Lightning Source LLC
LaVergne TN
LVHW021636170726
843501LV00007B/2256

* 9 7 8 2 3 2 9 6 4 8 9 5 8 *